<u>PRIX : **15** Centimes.</u>

LA VÉRITÉ

SUR

le Crime du Quai Paul-Bert

Houssard

est-il coupable?

Opinion d'un Ancien Magistrat et d'un Juré

PAR

YVES DE CONSTANTIN

TOURS
IMPRIMERIE PAUL SALMON
10, RUE GAMBETTA, 10

1912

AVANT-PROPOS

Dans quelques heures Houssard va comparaître devant la cour d'assises d'Indre-et-Loire pour répondre du meurtre de M. Guillotin, assassiné le lundi 12 juin 1911, dans une mansarde de la maison sise 12, quai Paul-Bert, à Tours.

Houssard a avoué le crime, il doit donc apparaître aux yeux d'un grand nombre de personnes comme le coupable ; il est un vulgaire assassin.

C'est sous cet aspect odieux que M. Marcombes, Procureur de la République, s'efforcera de représenter celui qui est déjà en prison depuis plusieurs mois.

Or, malgré les déclarations (nous n'employons pas à dessein le mot aveux), malgré les déclarations de Houssard, malgré la conviction de M. le Procureur de la République, un doute subsiste encore, doute angoissant dont un juré et un ancien magistrat se sont faits auprès de nous les échos douloureux.

Pour eux, pour beaucoup de personnes, le mystère qui plane sur le crime commis le 12 juin et découvert le 14 juin 1911, n'est pas éclairci.

La vérité entière, complète, aveuglante, se fera-t-elle jour au cours des débats qui vont s'ouvrir ?

Nous le souhaitons ardemment.

Mais nous croyons de notre devoir de publier de suite tout ce que nous avons appris sur cette ténébreuse affaire.

Nous nous tenons en cela à cette belle devise :

Fais ce que dois, advienne que pourra.

Houssard

est-il coupable ?

LE CRIME

Nous n'avons pas à revenir sur les détails du crime.

Chacun se souvient encore à Tours dans quelles conditions eut lieu la découverte du corps de la malheureuse victime.

Le *Journal d'Indre-et-Loire* en fit le récit en ces termes succincts :

Il était environ 5 heures (le Mercredi 14 Juin) lorsqu'on vint prévenir M. le commissaire central qu'un homme avait été trouvé, assassiné, dans une chambre de l'immeuble désigné ci-dessus.

M. Pommereau se rendit en toute hâte à l'adresse indiquée et apprit que M. Guillotin, âgé de 41 ans, propriétaire à Ruillé-sur-Loir (Sarthe), nouvel acquéreur de l'immeuble, dont on était sans nouvelles depuis deux jours, avait été aperçu par la fenêtre d'une petite chambre située au 2e étage, couché sur le plancher, entouré de draps de lit maculés de sang.

Un ouvrier requis par le commissaire central fit sauter la serrure de la porte de la chambre ; les personnes présentes assistèrent alors à un douloureux spectacle.

Un cadavre était en effet étendu sur le plancher, les jambes mi-ployées, la tête reposant sur l'âtre de la cheminée.

Au pied du lit, près de la cheminée, il y avait une masse de linge sur laquelle se trouvaient des taches de sang.

Correctement vêtu d'un complet gris, Guillotin était chaussé de brodequins jaunes.

La tempe gauche avait été traversée par une balle de revolver ; une partie d'un drap de lit était enfoncé dans la bouche.

L'identité de la victime de cet assassinat fut rapidement démontrée par les documents trouvés sur le cadavre.

Dès les premières constatations, le commissaire central conclut à un vol : *le portefeuille était vide*, mais le meurtrier n'avait touché ni aux bagues, ni à la montre de sa victime.

La porte de la chambre avait été fermée à clef, mais celle-ci avait disparu.

Il fut impossible de retrouver l'arme ayant servi à commettre le crime.

Tels sont les faits.

LES RECHERCHES

MM. Marcombes, procureur de la République, et Cador, juge d'instruction, commencèrent leur enquête, tandis qu'un inspecteur de la police mobile se livrait aux premières recherches.

Le docteur Baudouin, chargé de l'autopsie du corps de la victime, constata que M. Guillotin avait été frappé de trois balles, dont deux à la tête : l'une à la tempe gauche, l'autre par derrière.

L'instruction se présenta dès le premier jour sous un aspect très ardu.

Mais M. Marcombes, procureur de la République, tenant à conduire lui-même l'instruction, la tendit sur une simple hypothèse.

— Le vol, dit-il, a été simulé ; le meurtrier doit être une personne *intéressée* à la disparition de la victime.

La main qui tint le revolver fut mue ou par l'amour du lucre ou par la passion.

L'amour du lucre ne pouvait être l'inspirateur du crime que pour deux personnes :

1° M. Guillotin, le père de la victime ;
2° Mme Guillotin, l'épouse.

M. Marcombes écarta l'un et l'autre.

M. Guillotin père déclara que depuis 18 mois il était brouillé avec sa belle-fille, mais il ajouta que son fils « *ne s'était jamais plaint à lui de dissentiments ni de chagrins domestiques.* »

Mme Guillotin, l'épouse, héritait, il est vrai, de son mari, d'après un testament déposé chez un notaire de Paris, mais, ainsi que l'avait déclaré son beau-père, *avec qui elle était mal*, jamais aucun dissentiment ou chagrin domestique ne l'avait séparée de son mari.

Dans tous les cas, ni M. Guillotin père, ni Mme Guillotin, l'épouse, ne pouvaient être soupçonnés d'avoir commis le meurtre, puisque le lundi, jour du crime, Mme Guillotin se trouvait à Ruillé et M. Guillotin, son beau-père, à Créteil.

Restait le crime passionnel ; c'est à celui-ci que se rattacha le procureur de la République :

— Houssard aimait sa cousine, se dit-il, donc il a tué M. Guillotin pour se libérer d'un rival abhorré.

Malheureusement *rien, absolument rien* ne venait étayer cette hypothèse.

M. Marcombes tenait néanmoins à son idée ; il ordonna l'arrestation de Houssard, et comme, malgré tout, Houssard ne pouvait être confondu, il fit arrêter Mme Guillotin, et alors Houssard laissa tomber cette déclaration :

— Je suis coupable ; j'ai tué mon cousin !

Pas de doute possible, n'est-ce pas ?

Eh bien ! si, il y a doute, si nous en croyons les explications qui nous ont été fournies.

Et d'abord, qu'est M. Marcombes ?

UN MAGISTRAT ARRIVISTE

L'Œuvre du 4 janvier publiait, page 25, une note ainsi conçue :

« Magistrature gangrenée »

Le magistrat accusé de tentative de corruption sur un représentant du peuple est procureur de la République à Tlemcen ;

Le procureur de la République à Villefranche a été convaincu d'escroqueries ;

Le procureur de la République à Tours, convaincu de faux ;

Le procureur de la République à Montargis, convaincu de chantage...

Sur quoi se basait l'*Œuvre* pour rédiger cette note, nous l'ignorons.

Nous espérons pour M. Marcombes qu'elle est erronée, mais le fait certain est que M. Marcombes est le type du parfait arriviste.

Dans le *Bottin du favoritisme* (numéro du 24 août 1911), nous trouvons ainsi relaté son *curriculum vitæ* :

MARCOMBES, Victor,
né le 12 juillet 1875, à Murat.

Avocat.

1896-1898. — *Attaché au cabinet du ministre des Finances.*

31 juillet 1901. — Substitut à Bernay.

22 décembre 1903. — Substitut à Clermont-Ferrand.

20 octobre 1905. — Procureur à Pithiviers.

31 décembre 1908. — Procureur à Riom.

1909. — Le procureur à Riom se fait « appeler à d'autres fonctions ».

24 juillet 1909. — *Sous-chef du cabinet du ministre des Finances.*

Ainsi, bénéficiant de l'article 16, 4°, du décret du 13 février 1908, il est nommé :

31 mai 1910. — **Procureur à Tours.**

(Place que Paul Mancel quitte le même jour).

Pendant ce temps, 70 collègues attendent.

Traitement actuel :

7.000 francs.

Donc M. Marcombes est un arriviste et un arrivé.

Ancien élève du collège que les Pères Eudistes possédaient à Riom, il oublia promptement les principes de la foi ancestrale et de son éducation pour plaire aux hommes du bloc.

Tandis qu'il était à Pithiviers, il ne quittait pas les bureaux de l'*Alouette*, journal de M. Cochery, et il érigeait en principe qu'*un adversaire du gouvernement doit toujours avoir tort.*

Ce principe lui réussit grandement, comme nous l'avons vu, puisque M. Cochery l'ayant fait nommer à Riom, s'empressa de le choisir *comme sous-chef de son cabinet* quand lui-même reprit le portefeuille des Finances.

Nommé à Tours, M. Marcombes rêve déjà de s'élever à un poste supérieur.

Lorsque M. Cochery eut avec M. Gauzy, le directeur de son imprimerie, et son secrétaire, des démêlés si retentissants que l'ancien ministre fut menacé d'être lâché aux futures élections législatives, le procureur de la République à Tours accourut à Pithiviers et persuada les créanciers récalcitrants de M. Cochery de s'entendre avec lui.

Il faut reconnaître que M. Marcombes est très persuasif.

N'est-ce pas lui qui, un jour, se vantait d'avoir amené au suicide un notaire soupçonné de mœurs inavouables ?

M. le procureur Marcombes le fit venir en son cabinet :

— Vous avez à choisir entre la prison et la mort. Par égard pour vos opinions et pour nos anciennes relations, je vais vous laisser rentrer chez vous, mais n'oubliez pas que demain matin je vous fais arrêter.

Le notaire préféra se suicider.

Lorsque M. le procureur Marcombes raconte ces petites histoires, il rit, paraît-il, comme une petite folle.

Un magistrat si persuasif ne peut-il *avoir persuadé* à Houssard de s'avouer coupable.

— Simple supposition ? dira-t-on.

Non ! ce n'est pas une simple supposition.

Jusqu'à présent, en effet, aucune preuve n'accable Houssard.

Il y a une *déclaration grave*, *très grave*, mais elle n'a été suivie d'aucun récit complémentaire, d'aucune preuve.

C'est ce que nous exposait ces jours-ci un ancien magistrat :

OPINION d'un Ancien Magistrat

— Il ne suffit pas qu'un criminel déclare avoir commis un crime pour qu'il soit reconnu coupable ; à chaque instant, *par folie*, *par suggestion*, *par faiblesse dégénérescente*, des individus se présentent devant des officiers de police, devant des magistrats et affirment avoir commis un meurtre, parfois même inexistant, avoir allumé un incendie, etc...

« Or, dans le cas actuel, rien ne prouve que Houssard ait dit la vérité.

« Pourquoi, s'il a prémédité le crime, s'est-il montré avec M. Guillotin ?

« Pourquoi n'avoir pas combiné un alibi, bien facile à établir, puisque, vu depuis huit heures jusqu'à dix heures du soir, il n'avait qu'à rentrer immédiatement chez lui ?

« — Aimant Mme Guillotin, prétend l'accusation, il a
« voulu s'empresser de la retrouver et de lui annoncer
« qu'elle était *libre*. »

« Mais ceci est extravagant, laissez-moi vous le dire.

« Je n'ai pas lu les *800* pièces du dossier, car il y a 800 pièces ! Mais je crois pouvoir vous affirmer que jamais aucune relation coupable entre Mme Guillotin et Houssard n'a pu être prouvée.

« Houssard aurait embrassé sa cousine ! Et puis aprés ? Tous les cousins qui embrassent leurs cousines sont-ils coupables ?

« Houssard aurait dit le soir même :

« — Enfin ! tu es libre !

« Que prouve cette parole ?

« Houssard faisait la cour à sa cousine, cour non suivie de succès, il apprend par son cousin Guillotin lui-même que celui-ci couchera seul dans la maison du quai Paul-Bert. C'est donc que Mme Guillotin est seule à Ruillé. Houssard, amoureux fou, veut faire une nouvelle tentative auprès de sa cousine. Il saute en auto ; trouve sa cousine ; il la supplie en vain :

— Vas-t'en, lui dit-elle.

« Houssard fait une dernière tentative :

« — Mais enfin *tu es libre !* »

Et oui, elle est libre dans ce sens que M. Guillotin ne doit pas rentrer ; rien ne prouve que cette phrase tant incriminée signifie :

« Tu es libre, parce que j'ai tué ton mari !

« Toutes les autres charges ne sont pas plus solides.

« Que va prétendre l'expert en ce qui concerne les balles ?

« — Que les trois balles tirées sur M. Guillotin sont « sorties d'un revolver acheté par Houssard en 1909. »

« Ah ! ceci est trop fort ! N'y a-t-il pas des centaines de revolver identiques ? N'y a-t-il pas des milliers de balles identiques ?

« L'instruction a éloigné tous les témoignages qui ne pouvaient servir à étayer l'hypothèse imaginée par le procureur de la République.

« Pourquoi ?

« Sans doute, il y a eu dans notre département plusieurs crimes impunis, demeurés dans le mystère !

« La déclaration de Houssard portant qu'il est coupable, le seul coupable, est une grave présomption ; elle ne constitue pas une preuve.

« Ah ! si devant la Cour d'assises Houssard fournit des explications sur le mobile du crime, sur la façon dont il fut perpétré et si ces explications sont corroborées par les témoignages, il y aura certitude.

« Jusque-là le doute subsiste et le doute bénéficie à l'accusé.

« Vous m'avez rappelé vous-même, tout à l'heure, le *curriculum vitæ* du procureur Marcombes.

« Pour son avancement, il ne voulait pas d'une affaire classée.

« Il lui fallait un coupable, deux si possible.

« C'est ainsi que nous avons assisté à l'arrestation successive de Houssard et de Mme Guillotin.

« — Ils n'avoueront donc pas, rugissait tous les soirs M. Marcombes. Ils doivent être coupables. Il faut qu'ils le soient.

« La Cour d'Orléans vint, heureusement, arrêter son imagination fertile.

« Encore une fois, le doute subsiste. »

OPINION d'un Juré

Nous avons pu, d'autre part, causer longuement de l'affaire avec un juré avant l'ouverture de la session.

« — Je ne puis vous dire ce que je ferai lorsque j'aurai entendu les déclarations de Houssard et celles des témoins. Vous devez le comprendre : je ne connaîtrai réellement l'affaire qu'à la Cour d'assises.

« Il est évident qu'il ne suffit pas qu'un homme dise : « Je suis coupable d'avoir commis tel crime ou d'avoir perpétré tel forfait », pour que cela soit exact.

« A l'heure actuelle, j'ai lu dans les journaux beaucoup de papotages, de témoignages contradictoires, d'affirmations suivies de négations et de négations suivies d'affirmations ; je n'ai trouvé aucune preuve.

« Je souhaite que cette preuve soit faite, car telle qu'elle se présente, l'affaire est des plus troublantes.

« Mais il est certain que l'instruction n'a pas été menée avec la dignité nécessaire.

« Quand Houssard a été conduit à la maison du crime, il était inutile de lui faire traverser à pied la ville dans toute sa longueur.

« Tous mes amis, toutes les personnes que je connais ont été stupéfaites d'une pareille désinvolture. »

Nous devons noter ici que l'*Œuvre* du 5 octobre protesta contre une telle manière d'agir en ces termes :

Leurs Magistrats.

Le juge d'instruction Cador trouve que Paul Houssard ne répond pas assez vite et assez précisément aux questions, d'ailleurs saugrenues, qu'il lui pose.

— Puisqu'il en est ainsi, dit-il, nous allons nous rendre sur le lieu du crime.

Paul Houssard exprime le désir d'y aller en voiture. Mais le juge Cador et le procureur Marcombes ne lui accordent que le cabriolet ; entendez que Paul Houssard est conduit à la maison du quai Paul-Bert, entre deux gendarmes, le cabriolet aux poignets.

Suivi des deux magistrats, l'inculpé traverse le quartier le plus fréquenté de la ville, au milieu de l'après-midi.

Un groupe assez nombreux se forme derrière l'accusé, raconte la *Dépêche* de Tours. et c'est au milieu de la curiosité générale qu'il défile rue Nationale.

Houssard fait assez bonne contenance. Quand on le regarde de trop près, il lève les épaules d'un air de pitié.

Un premier arrêt a lieu au coin du passage Richelieu.

Et là, au milieu de la foule, le juge Cador reprend son interrogatoire. Vous pensez si Paul Houssard est disposé à répondre !

***

Nouvelle station devant l'hôtel du Faisan, nouvelles questions. Notre confrère de Tours, qui n'a pas l'air d'y entendre malice, continue à raconter ainsi la promenade judiciaire :

Pendant ce temps l'affluence grandit, et il en sera ainsi jusqu'au quai Paul-Bert, où l'on arrive après avoir traversé le pont de pierre...

A trois heures et demie, cet interrogatoire prend fin et ordre est donné à la gendarmerie de reconduire l'accusé au Palais de Justice.

Dehors, plusieurs centaines de personnes stationnent.

Lorsque Houssard apparaît entre les agents de l'autorité, un mouvement se produit.

De nombreux photographes braquent leurs appareils et c'est au milieu d'une foule compacte qu'on doit frayer un passage au meurtrier.

Sur le pont et rue Nationale, même affluence...

A 4 heures, Houssard franchit la grille du Palais.

— Vous devez être impressionné, lui demande un de nos confrères.

— Comment voulez-vous que je ne le sois pas, répond l'accusé, surtout quand on y ajoute une promenade pareille !

De tels procédés sont imbéciles et odieux. Il est évident que, depuis l'ouverture de cette enquête, ce juge et ce procureur ont fait exactement tout ce qu'il fallait faire pour ne pas découvrir la vérité. S'ils n'avait pas eu la chance d'être aidés par les reporters qui ont si adroitement « cuisiné » Mlle Laudereau, ils seraient à peu près aussi avancés que le fameux juge d'Etampes, le cousin Germain (cousin de Chaumié), qui concluait à l'assassinat de l'abbé Delarue juste à l'heure où celui-ci avouait sa fugue à un commissaire de police belge.

*
* *

Mais, cette fois, MM. Cador et Marcombes vont peut-être un peu trop loin. Ils s'étonnent, après de semblables exhibitions, que Paul Houssard soit maussade et ne veuille plus rien dire. Eh bien ! savez-vous ce qu'ils ont trouvé « pour le rendre plus loquace » ? C'est encore *la Dépêche* de Tours qui nous l'apprend :

Si Houssard ne change pas de système, les magistrats lui feront recommencer une et même plusieurs fois, si c'est nécessaire, la promenade de cet après-midi.

Faut-il rappeler à ces étranges magistrats le respect dû à tout inculpé, même s'il avoue son crime, tant qu'il n'a pas été jugé ?

Il ne s'agit plus ici d' « instruction » ; MM. Cador et Marcombes prennent sur eux d'infliger préventivement à Paul Houssard la peine de l'exposition publique. Pourquoi pas le pilori ?

Ce n'est plus un « interrogatoire » ; c'est proprement la « question ».

— Si tu ne parles pas, nous allons te mettre à la torture, et il ne peut pas y en avoir, pour toi, de plus douloureuse que celle-là. Nous ferons publier par les journaux le programme de notre cavalcade judiciaire, et nous en réglerons avec soin la mise en scène.

Il est vrai qu'à Tours les distractions sont assez rares, et qu'à l'heure du thé, MM. Marcombes et Cador ne doivent pas être fâchés d'offrir aux belles madames de la « société » un spectacle presque aussi impressionnant que ceux du Grand Guignol.

Bon ! Cela fait toujours passer une heure ou deux.....

Il convient d'ajouter que M. Victor Marcombes, l'impresario de ces tournées, a fait dans les finances la partie la plus intéressante de sa carrière (Voir notre *Bottin du favoritisme*, quatrième fascicule, page 13). S'il a été nommé à 35 ans procureur de la République à Tours, il le doit à cette circonstance qu'il fut, de 1896 à 1898, attaché au cabinet du ministre des finances et que, le 24 juillet 1909, il devint le sous-chef du même cabinet. Faut-il en induire que M. Victor Marcombes a des aptitudes financières particulièrement remarquables ?

Dans ce cas, nous devrions modifier quelque peu le mot de Beaumarchais, qui pourrait servir d'épigraphe à toute l'histoire de la présente république : « Il fallait un procureur ; ce fut un calculateur qui l'obtint ».

Pourtant, s'il espère obtenir les confidences de Paul Houssard en s'y prenant de la sorte, il est évident que M. Marcombes s'est trompé dans ses calculs.

Cet article, qui revient sur ce que nous avons raconté plus haut, est à retenir.

Il montre à quelles singulières enquêtes s'est livré le procureur Marcombes.

Mais revenons aux déclarations faites par le juré :

— Je vous avoue que je suis aussi très troublé par cette persuasion que Houssard est incapable d'avoir commis un tel meurtre.

« Songez, Monsieur, qu'il n'a jamais pu voir tuer un canard ou un poulet. C'est un nerveux, un malade.

« Au moment où le crime a été commis, Houssard a été vu au café ; il a été reconnu ; il était très calme.

« Très calme encore quand une contravention lui a été dressée.

« Je ne pense pas que les témoins reviennnent sur leurs précédentes déclarations.

« Pourquoi n'a-t-on pas suivi la trace d'un individu qui stationna, vers 10 h. ½, devant le numéro 12 du quai Paul-Bert ?

« Pendant des semaines, l'instruction n'a pas avancé et elle ne le serait pas encore si Houssard ne s'était pas déclaré coupable.

« Jusqu'à présent, malgré sa parole, je crois à son innocence.

« J'attends avec impatience les débats. »

CONCLUSION

Que conclure?

Il apparaît pour tout le monde que l'instruction a été mal conduite.

M. Marcombes a eu le bonheur d'obtenir un aveu.

Cet aveu sera-t-il suivi de preuves? C'est ce que le débat qui va s'ouvrir nous apprendra.

A l'heure actuelle, le mystère est aussi épais qu'il y a neuf mois.

Aucun des objets dérobés n'a été retrouvé ; aucun, à l'exception d'un cadenas?

Tout le monde désire la lumière ; mais le Procureur de Tours pourra-t-il prouver que son hypothèse est la vérité?

Tout est là !

Yves de CONSTANTIN.

Tours, 25 Mars 1912.

TOURS. — IMPRIMERIE PAUL SALMON, 10, RUE GAMBETTA.